국제문학 시선 26

에덴을 향하여

김귀자 시집

국제문학사

이 도서의 국립중앙도서관 출판예정도서목록(CIP)은 서지정보유통지원시스템 홈페이지(http://seoji.nl.go.kr)와 국가자료종합목록 구축시스템(http://kolis-net.nl.go.kr)에서 이용하실 수 있습니다.
(CIP제어번호 : CIP2020054987)

책을 열며

일상의 생각들이
감동이 되어
가슴 안에 고일 때

일상의 고뇌들이
탄성이 되어
입술 안에 남겨질 때

그 눈물이
언어가 되고
시가 되더이다.

살아있는 생명 자체가 눈물어린 시이며
하늘을 향한 감사와 격동이 시인 것을!
그 시를 원고에 쓸 수 있으니
그것이 찬양의 언어가 되더이다.
만물의 주인 되시는
창조주 여호와여 감사합니다!

아울러 마음속 밀어들을 표현할 수 있도록
저를 국제문학으로 이끌어주신
아동문학가 조규옥 회장님과
국제문학 발행인 김성구 박사님께
진심어린 감사의 마음을 전합니다.

김 귀 자

목차

책을 열며

1부 금촌의 달

10　진리의 선택
11　山이여
13　전환의 詩 I
14　전환의 詩 II
15　전환의 기쁨
16　어느 날의 기도
18　위장된 위로
19　금촌의 달
21　불완전과 나레이터
23　낙조
24　한계령
26　하향열차
28　쌍둥이네 축시
30　탄원 I
31　탄원 II
32　환자와 가을
33　환자와 까치
35　나의 정인에게 I
36　나의 정인에게 II
37　인간과 삶
39　고독
40　진리의 길
41　42번 국도에서
42　혈육
43　님은 이방인
45　이방인의 옷

2부 지나간 것들에 대한 그리움

48 커피 한잔과 괘종
49 관계의 미로
50 장미
51 봄의 자화상
52 목련꽃
53 지하철
55 겨울사냥
56 떠나는 짝
57 망부록
59 딸 아들의 선물
61 노인
63 나의 갈망
64 내가 살아있는 흔적
66 지나간 것들에 대한 그리움
68 전쟁의 종말
70 아들의 목소리
72 골목바람
73 매미의 첫 울음
75 생명에 대한 문답
77 바다가 삼킨 영혼들
79 길과 삶
80 나의 빈집
82 중환자실
84 감동의 콧노래
86 낙관이라는 선물
87 어떤 감동
88 백련산 뻐꾸기

3부 시인의 언덕

90 시인의 언덕
91 한 때의 동화
93 꽃 망 울
94 슬픈 시
96 치 매
97 너의 사랑은
98 모든 이의 봄날이 간다
99 파이오니아
100 삶
101 2020년 새벽 0시
102 마스크 시대
103 일상의 그리움
104 슬픈 봄소식
105 봄, 풀꽃 앞에서
106 진리와 구원의 단순한 논리
107 아름다운 지구
108 창밖의 무소음
109 변하는 세상의 장면
110 코로나 19에 바램
111 호두나무 식탁 카페에서
113 손가락 인생
114 살아있는 아들 곁에서
115 오만한 추론
116 이단 I
117 이단 II
118 풍랑이 이는 곳
119 살다
120 얍복의 여울목
121 사람
122 1세기 예루살렘 재난의 성

4부 마중물 되고픈 계절

126 진정한 용기
127 가혹한 마무리
129 어떤 동정심
130 이미테이션
131 가을 문턱
132 생존의 끈
133 풀벌레
134 기억의 슬픔
135 표류
136 살아 숨 쉬는 행성에서
137 한 시절 해운대
138 담쟁이 부부
139 마중물 되고픈 계절
140 기도의 모자름
141 왕국 연가
142 왕국 연가 I
143 동기간
144 또 다른 사람
145 아름다운 유혹
146 멋진 노인
147 끝없는 연정
148 누가 그리스도의 뺨을 때렸는가?
149 사랑과 용서
150 젊은 주름, 젊은 백발
151 우울한 영혼을 위해
153 사슬에 묶인 채로
154 빈 손, 빈 마음, 빈 영혼
155 칸타빌레 음악실
157 마음속 우물
159 서평 - 에덴을 향하여 가는 시인의 노래 - 김성구

1부

금촌의 달

진리의 선택

어느 사이
몸을 저미던
한기는 사라지고
구겨진 마음도 손짓하였네
너와 난
그리고 우리는
택함을 얻은
역사의 연출가

종점이 없는 내일을 향하여
목자의 피리 소리에 귀를 세우네
생명의 소유 앞에
진리의 大地 앞에
예비된 나라는 아름다워라

양들은 무리지어
초장에 모여
보스라의 휴식을 찬미하여라
드높게 끊임없이
찬양하여라

山이여

아!
산이여
그대 가슴에서 피어오르는
안개와
그대 허리를 휘감은
구름의 석고 앞에서
나는 인생의 맥락을 회상하노라

겹겹 폭폭이 검푸른 휘장을 두른 채
우뚝 솟은
침묵들의 성
숱한 묵시를
너
산의 시제에 띄우노라

이 감흥과 소리 없는 장엄함
창조주의 위대하심이
관용과 사랑으로
평화와 안위로 넘쳐흐르노라

나는 이 자리
이 정성어린 영감을 안고
찬란한 에덴을 바라보노라

자연이란 선율에 드리워진
여호와의 표호
거룩하신 주의 약속
이 위대하신 자비 앞에
찬양과 송축으로 무릎 꿇노라

나의 가슴
너 산 앞에서
감사함으로
목 메임으로 터지노라
아!
산이여
산과 산들이여!

전환의 詩 I

내 어드메쯤에서
칠십년 영겁을 버리었나?
플랑크톤 닮은 비하된 사생아들
혈액에 저장된 응고된 침묵이여
빛바래어진 낡은 청춘이여
적막에 뒤덮였던 거짓된 환상이여
쾌락과 탐욕은
그리고
환각속의 까쉽은 사라졌나?
어디로 갔나?
희뿌연 안개너머로 너머로 사라졌나?

전환의 詩 Ⅱ

내 어디메쯤에서
허상의 찬가를 버리었나?
가상으로 빚어낸
노블한 그노시스
달콤한 간부는
정체를 버리고 사라졌나?
어디로 갔나?
붉으레한 노을 속으로 사라졌나?
이제는 실상의 찬가를 부를 때이다
소리높이 불러라
전환의 찬가를!

전환의 기쁨

번민으로 빚어낸 의문의 꼬뮤니케
표준 된 비극의 창생들
차디찬 배반을 내어던지라
미완성 애정을
두 볼에 빚고
엽록색 낙원을 찾아가자

가슴에 저며드는 애환의 팡파레여!
오- 이토록 멋갈스런 절규여
생의 전환을 노래하라
동녘 일출의 불 끓음 소리
위대한 진통을 찬미하여라
"야"께 향한 전진을 찬미하여라

어느 날의 기도

인내와 충절의 본
욥의 생애를 묵상합니다
겨처럼 사라진 가산
음부로 사라진 열 자녀
가축들의 떼죽음
한순간에 매몰된 명예와 부

그러나
공수래공수거로
야께 향한 순정을 지킨 욥
악창과 혐오가
그대를 오열하게 하였건만,
믿음의 친구들이
참을 수 없는 야유를 하였건만,
아내도
그대를 저주하였건만,
"야"께 향한 믿음을 버리지 않았던
충절고수자!

사탄이 그대를
찢어 놓았지만
그대는 기왓장만으로
부스럼만 긁었지요
훌륭한 인내는
고귀한 보상으로 찾아왔지요
어찌 그 본을 따라가나요?

위장된 위로

위장된 위로는 어디로부터 왔나요?
빌닷과 소발과 엘리바스는
진정한 동료가 될 수 없었나요?
고통을 야유하는 비정한 우정은
사탄의 도구가 되어 그대는 얼마나 슬펐나요?
그 고통의 수렁 속을 거닐면서
괴로움에 흐느끼는 나는
그대의 인내를 존경합니다
비로소 그대는 숭고한 승리를 거두고
지혜자의 기쁨이 되어
바이블은 그대, 욥의 이름을
인내의 본으로 기록하였습니다

제게 닥치는 숱한 재난과
끝없는 시련 앞에서도
그대처럼 올바름으로 정로에 서게 하소서
내 작은 믿음의 마음 판에 세워진
가난한 공의를 아시는 여호와여
진리 안에 인도된 고행이라면
바름으로 끝까지 서게 하소서

금촌의 달

다아
같은 달인데
금촌의 달은
눈물 없이는 볼 수 없구나

다아
같은 달인데
금촌의 달은
목 메이도록 아름다워라
인간의 진실은
왜곡될지언정
자연만은 언제나
변함없구나

어두운 밤
하늘과 숲
검은 솔가지 위에 올라앉은
푸른 달이여
밤바람에 흘러
혹시 떠내려가련?

지금 그 자리
이 야경과 이 정적으로
소리 없이 정지해다오

불완전과 나레이터

넌 불완전이란 무엇입니까 라고 물었다
난 완전성의 미달이지요 라고 대답했다
넌 불완전과 완전성의 미달이 무엇이냐고 물었다
난 표준과 비표준의 오차라고 말했다
넌 표준과 비표준은 무엇이냐고 물었다
난 정상과 비정상의 평행선이라고 말했다
넌 정상과 비정상의 평행선에 대해 물었다
난 원칙과 비원칙의 해학이라고 말했다
그리고는 넌 말이 없었다
나 또한 할 말을 잃었다
한동안 침묵이 흐른 뒤
나는 모노로그 스타처럼 중얼거렸다
모두가 다 불완전의 나레이터이지요
냄새가 나는 에고이즘에 훈련된 채
인간은 감성적 타락에 빠져있지요
감성이란 공해는 윤리관이란 이데올로기의
배 위에서 마치 개선장군처럼
자아의식에서 득점을 얻은 뒤
자기만이 알 수 있는 최상의 판결문을 낭독하면서
유유히 타성과 아집의 수면위로 흘러갑니다

그래도 창조주 여호와의 관용 안에서
시간도 세월도 잘도 가지요
이렇게 말입니다

낙조

먼 하늘
한참을 지나면
저어기
지평선 위에
일몰의 날개

논밭을 건너
검푸른 수초위에도
영원한 일기를 남기며
빛살들은 노리개되어
하늘거리며
내 동공 안에 깊이 들어와
아심히
추억을 던지고

어느덧
나는
꿀 먹은 소녀 되어
낙조의 날개 속에 빠져든다

한계령

산은 수채화를 옷 입고
계곡은 깊이를 잴 수 없는
곡선으로
은밀한 속삭임을 던진다
숲들은 숲들과 더불어
향연을 즐기고
태초의 예술은 갈채를 부른다

채색된 지구의 한구석
오! 빛바램 없는 절경이여!
오염무존한 산수여!
꼬불거리는 길마저
노래의 조각들...
돌무더기 마다마다
찬탄의 함성들
삶의 젖줄을 물며
창조의 몸부림을 낭송한다

수려한 자연의
모자이크 앞에서
창조주의 손가락을 찬미하리
이 순간의
찬양은 눈물처럼 순결하여
설악산
기암절벽에
한계령 축시를 새긴다

하향열차

하이얀 수평선
파아란 들판
비탈진 언덕
길고도 먼 산천을 따라
기차는 달린다
다섯 살짜리 가시나이
커서
서울로 시집가
수번 가는 길이건만
하향길 마다
매번 그 의미가 다르다

꽃 피거나
눈 내려도
갯바람 짠 내는
여전하구나
내 눈가엔 잔주름
내 마음엔
절망을 이겨온 여명의 빛살
딸, 아들

곁에 세우고
늙으신 노부모님
상봉 가는 길

이 여름
8월의 하향 길은
길고 긴 철도만큼
의미가 길다
삶의 고난 앞에
변질되는 인심
짙고 짙은 밀어들이
줄렁줄렁 엮인다

나의 주 야께서
내게 주신 위로
홀로이 감사하며
나는 짓푸른 손수건 뒤에서
심묘한 회고를 훔친다
철길은 고향을 안겨주고
나는 미소로
낯익은 옛날을 만난다

쌍둥이네 축시

내 동생 인자가
40세에 낳은 첫아들
그리고 20분 뒤에 또 아들
금지옥엽의 두 아들
쌍둥이어라

기묘한 유전 법칙 안에서
기적의 쾌재를 부르며
사랑의 출산을 기뻐하는 부부

행복하여라
영원히
다복하여라
쌍둥이네 가족!

알밤 같은 뽀아얀 두 머리
솜과자 닮은 말랑말랑 스무 손가락
몽글몽글 어여쁜 스무 발가락
반짝이는 네 눈
오똑 솟은 두 코

젖물 고인 두 입술
아무리 보아도 알 수 없네
너무 닮아 고를 수 없네
자꾸 헷갈려 웃고 또 웃네
참으로 절묘한 작품이네
J의 선물을 감사하며
쌍둥이네 가족
영원한 에덴의 방주를 타라
기도하여라
무궁한 미래를
기도하여라
쌍둥이네 풍요를…!

탄원 I

오 여호와여!
나는 욥이 아닙니다
나는 스데반도 예레미야도 아닙니다
나는 내게 닥치는 이 압박감과
참을 수 없는 이 모멸을
계속 이겨나가야 한다는
하나의 과제 앞에 흐느낍니다

어제와 오늘
오늘과 내일
그 전날과 그 훗날
날과 날들의 자락들이
내 앞에 수천 개의 칼날로 다가옵니다
독침이 내게 꼽히고
화살이 내 가슴을 뚫습니다
이유도 모른 채
오 여호와여!
제게서 이 화살을 뽑아주소서

탄원 Ⅱ

참을 원하는
선행자라면
고통 속에서 기도하여라
행동이 어려울 때마다
기도하여라

영의 도움만이 네 심장을
지킬 수 있노라
시급한 보호를 요청하여라
야께 탄원하여라
오직 야께만 마음을
털어놓아라

환자와 가을

창가에 조으는 빛살
너무 고와
손에 받아 쥐고
후우- 불면
어느새 빛살이 떠나갈까 봐
가을이 갈까봐
온종일 나를 미워하는
어떤 이의 시선을 피하듯
조심조심
빛살을 만진다

아직도 10월은 가지 않은 채
막연한 외출을 기다리며
환자는 마음속으로 번뇌를 이기기 위해
바이블을 읽는다
인내를 위해
사랑을 먹는다

환자와 까치

깍 깍 깍
대낮에 까치소리
내 창가에 다가온 까치
나뭇가지 사이로 앙징맞은
멜로디를 던진다
깍 깍 깍
한낮에 까치소리
도시의 정적을 질투하듯
화음을 던진다

사랑이 메마른 사람들에게
조용한 씨나리오를 들려준다
그리고는 후드득
이별의 인사도 없이
떠나가 버렸다
내 창을 떠나버린 작은 새야
까치야
네 이별이 서럽구나

나 홀로 이불위에 남겨진 채
심신이 탈진된 나는 나는 나는
너의 정직한 노래를 또 기다린다
네 작은 다정함 때문에
내 볼에는 뜨거움이 고인다

   88. 10. 19.

나의 정인에게 I

10월이 가는 길목에
그대 젖은 눈망울 보이네
나의 정인이여
그대 긴 잠에서 깨여
나를 찾으러 왔구나!
촉촉이 내리는 짙은 가을의 향
빗물처럼 나를 포만케 하는구나
나의 정인이여
고운 그대 그리고
슬픈 그대
가을의 빛을 내 옷깃에 털며
그간의 그리움을 토하네

나의 정인에게 Ⅱ

속절없이 가버린 세월을
슬퍼하지 마오
원망도 하지마오
재회는 희망이며
기다릴 수 없는 열망이오
망향처럼 애절하게
넋두리는 마오
나 여기 있고
그대 시방 올 것이니
그대 젖은 눈망울 속으로
내 품자락 던지며
못 다한 사연을 꼭 껴안고
이제 훈훈한 겨울을 맞아요

인간과 삶

인간의 생애는
번뇌의 시간표
프로그램이 없는 드라마
주역들은 각자
자기 나름대로의 메시지를 가지고
무대에 오른다

단 1회의 단막극이 될지언정
인간의 자만은 무대 위에서
자신이 연출한 시나리오에
열정과 정성을 다하려 한다
그것은
각자의 생명선이므로
인간은 땀을 흘린다

희로애락의 닻은 펄럭거리며
무대를 항해하고
주역들은 기괴한 몸짓으로
연기를 한다
몸도 하나

목적도 하나
그러나 주역들의 양심의 빛깔은
천태만상

현란한
양심의 빛깔을 가지고
인간은 항해의 닻을
펄럭인다

예약 없는 프로그램은
인간의 내면성이 승화될 때까지
계속된다
번뇌하므로 승화된 자만이
진정한 배우가 되며
진정한 무대 위에 설 수 있다
지금은 가상 무대이기 때문이다
주역들은
자기 생애를 위해 단 한번 주어진
연습이 없는 무대 위에서
창조주께 가납되는
메시지를 전달해야 한다

고독

별이 흐르는 타인의 성에서
우리 모두는
시인이 되었네
자유분방했던 시간들도
이제
어둠 속에 묻힌 채
인간의 정체를 삼켜버린
먹빛 속에서
자기만의 시간을 먹는
시인들이 울겠네

어둠과 클랙션
사상과 이데올로기
인간의 최후
시간 속에서 모놀로그의 밀어들이
마침내 다크호스처럼
땀 흘리며 질주하는
어둠 속의 과민성 환자가 되었네

진리의 길

참되고 의로운 길
외길
삶의 종결자이며
세뇌되어야 할 절대성

강인하나 고요한 물결
담대하나 섬세한 자태
생명 자체의 본성이며
단 하나의 성스러운 빛의 행로
구원의 길이라네

선행자여
죽음의 늪 속에서
손을 뻗으라
생명의 소식을 굳게 잡으라
진리는
해탈의 무궁한 경지이며
인간이 가야할 원칙의 길

42번 국도에서

구름을 가로질러 푸른 국도는
길기도 하구나
물오른 수목 지대를 지나고
꼬리질 하는 산새를 지난다
삶의 여정을 되새김질하는 나는
아들을 만나는 기쁨을 위해
42번 국도에서 호젓한 미소를 짓는다
내 아들아
너는 어느 날
자장가 노래를 벗어나
불현듯 기개 있는 남자가 되었더구나
그리고 너는
청년의 열정을 고귀히 담아
순백의 성으로 갔었지
7월의 짙푸른 42번 국도는
모정을 위해 옛 얘기를 던져주고 있다
어느덧 나는, 여호와의 오른쪽 팔 안에 있는
사각지대의 문을 들어서고 있다
너의 중립지대가 있는 이곳은
원주 교도소라는 팻말이 걸려 있다

혈육

천부의 법안에서
호흡을 나눈 사람들
태반의 자양분을 함께 나누며
과거와 현재를 공유하며
내일을 논의하는 사람들

밥상위에서도
벽속에서도
마주보아도
돌아섰어도
본질적 눈 맞춤을 나누며
항상 무언의 이야기를
통회하는 사람들
천부의 사랑이 선물로 주신
끈끈한 계보를
만드는 사람들

님은 이방인

내게서
언제나 이방인인 당신
고독에 뒤척이는 그림자 뒤에서
한두 개피 담배로 마음달래는 이방인
낡아져버린 연륜이란 옷자락 외엔
가진 것도
얻은 것도
하나 없이
반평생 물만 짚고 헤엄쳐 오는
님의 슬픈 자화상이여!

튼튼했던 팔뚝은
물러지고
건강했던 청년은 사라지고
이제는 반백으로 변해가는
나의 가엾은 님이여!
그대는 오늘도 무엇을 위하여
싸움터로 가셨나?

아내는 몸져누운 환자
보고 싶은 자녀들도 만나지 못한 채
말처럼 뛰어 다니다
홀로 쓸쓸히 금촌에서 님의 밥을
짓겠네.

이방인의 옷

당신은
가슴속 파도가 철썩거리면
알코올 몇 잔에 으쓱 거드름 몇 번 피우고는..
그래도 남아지는 외로움은
어찌 달래시려고
참으로 님은 허무한 이방인이로소이다
그 옛날
뜨거운 포옹을 기억해 봐요
젊은 날의 환희를 붙들어 봐요
우리는 어찌 헤어져 있습니까?
무엇을 위하여?
무엇을 얻으려고?
이방인의 옷을 벗어버리고
뛰어 나오십시오
어서 오시지요 나의 곁으로
진리의 뜨거운
입맞춤이 님을 기다리고 있습니다

2부

지나간 것들에 대한 그리움

커피 한잔과 괘종

겨울이
왔네
차가운 바람
떨어지는 잎새
밤을 뒤채며
뽀듯이 가버린 자정과
더불어 새벽 여섯시의 괘종
겨울 아침은
내 눈시울 밖에서
다시 일과를 재촉한다
시간은 다시 떠나고
하루는 다시 달려가네
세월은 무섭게도 날아가네
인생은
너무나도 아까워라
아!
내게 진열된 의식의 얼굴들
사람 냄새에 몸이 저린 나
하드보일드의 정숙한 위장에
인간의 슬픈 독선만이 무언으로 남는다

관계의 미로

너는
내 안에서
안개
한 알의 거짓 진주
이슬의 잠속에 밤새워
가다듬은 목청으로 노래하던
왼손잡이 악사는 떠나고
너의 분장 속에 갇힌
나의 남루한 유토피아는
먹빛 그랑프리 속에서
슬퍼하누나
단 한번 이질 된
비바람 번개 속에
광란의 탈을 쓰는
인간의 추함
추억의 벼랑 끝에 매달려
울던
애달픈 진실의 미로여!
인간과 관계의 미로여!

장미

가시 안에서
마음을 열고
꽃답게 웃는 환희
七月의 초순에
황홀한 배를 타고
연정만을 남기고 떠나는 망향

언제나 시작된
아름답고 고독한 길잡이로 가는 당신
이제, 또
짙은 향수만을 뿌려놓고
곧 아지랑이처럼 떠나갈 女人이여
그녀의 옷자락에 묻어나는
이 짙은 주홍색 밀어를 어쩌려구…
내년을 기다리기엔
너무 농밀한 아픔의 이별이구나

장미의 황홀함이여
이별의 애절함이여

봄의 자화상

내 동공 안으로
쏟아져 내리는 이 봄빛 속에는
내 의식의 세계 속에서
방황하던 내가 있었다
푸른 깃털 같은
순화를 요구하던 나를 만난다

내 자아의 희구성은
이 봄의 악장을 젖히며
난해한 리듬으로
슬픔을 읊조리던 나를 만난다

너무 봄빛이 아름다워
소리 없는 연민과 통곡이
아슴히 가슴을 죄여온다

목련꽃

넌
계절의 선구자
첫봄의 창밖에서
쭈욱- 뻗은 몸매로
네 순결을 과시하누나

풍류는 준비함 없어도
네 순결의 자태는 고고하구나

봄마다
넌
청아한 미소를 띠우고
삶의 닻줄을 힘차게 쥐고
나타났지
그리고 내게 드리운 무거운
겨울의 암울함을 걷어갔지
이제도
지난겨울 내내
폭풍 속에 이겨온 네 순결은
철저히 아름답구나

지하철

땅굴 속으로 질주하는
문명의 철마가
나를 끌어안고는
그의 일상의 장르 속으로 나를 던진다

옴싹달싹 못하는 나의 영혼은
내 지정된 시작과 끝 안에서 또
다람쥐 설계를 한다

노장과 청년이
부인과 처녀들이
흔들흔들 졸며 또 졸며
무거운 인생의 짐을 지고 떠밀려간다

시달리고 흔들리는 행복 속으로
초대받는다
그들 모두
달콤한 최면에 걸려
자기도 모르게 잠깐이라는
수면 바이러스에 전염되었다

지친 영혼을 달래는 순간적 휴식
문명이 던져준 행복 한 조각을 맛본다
나는 그 연출 속에서
조용히 어색한 미소를 삼킨다

겨울사냥

사냥개가 멧돼지를 쫓고 있다
포수는 그 뒤를 쫓는다
멧돼지는 살고자 달린다
비극이 적나라한 야수들의 무대
너는 나를 먹고
나는 너를 먹어야 한다
존재를 위한 저주의 사투
포수가 쏜 총을 맞고 멧돼지는 쓰러진다
사냥개들은 멧돼지를 물어뜯는다
그 언젠가 나도 서너 번은
멧돼지를 먹었다
동물인 나
멧돼지는 매우 험상궂다
사냥개는 더 험상궂다
포수는 더더욱 험상궂다
어떤 이유로든
나는 멧돼지를 맛있게 먹었던 것이다
갑자기 내가 혐오스럽다
나의 동물성이 슬퍼진다
창세기의 에덴이 그리워진다

떠나는 짝

2004년 10월 18일 새벽 5시
일산병원 중환자실에서 그대는 나를
만나지도 못한 채 떠났다
그대의 맥박은 삽시간에 끊어졌다
그대는 두 눈을 부릅뜨고 죽음의 배를 탔다
그대와 나의 아들이 그대의 두 눈을 감기었다
기약도 없는 배를 타고 가버린
죄의 삯을 받은 내 짝
내 짝의 헛된 위상이 끝나버렸다
나의 기억 속에선 하나의 존재로서 그대가
가끔은 나와 대화를 나눌 것이다
슬픔도 아닌 기쁨도 아닌 그저
하나의 개체로서의 새로운 만남을
기대할 것이다 적어도
새로운 무대를 나는 기대하고자 한다
내 이데올로기 속에 있는 그대의 존재는
깨끗한 흰옷을 입었기 때문이다

망부록

당신은 무덤으로 갔다
이제 당신은
모든 것으로부터 용서받았다
당신을 사랑했던 나
나를 사랑했던 당신
실체를 버린 현실이

이제는
두 사람의 드라마를 새까맣게
지우려 한다
하얗게 지우는 게 좋을 것이라 생각했다
무채색이라면 더욱 좋을 것이라 생각했다

아!
하늘과 바다의 차가움이
우리의 드라마를 얼음으로 채우고
체념의 편지를 보내는 당신
상념의 섬에서
나는 당신을 그리움과 미움으로 만난다

언제나 나를 바라보는 당신의 영정
당신의 영정은 내게 말없이 늘
미안하다고 말한다
나는 당신의 깊은 그 수심을
사랑하였다
지금도…

딸 아들의 선물

포르테!
세피아대신 포르테 최신형으로 선물을 받았구나
너무 큰 선물이라 가슴이 벅차구나
1600CC 첫 번째 럭셔리 포르테!
난 행복할 때는 말을 잃게 되더구나
여태 수동을 사용하다가 오토를 사용한다니
감개가 무량하구나
아들과 딸이 늦은 밤에 사위와 함께
래미안 주차장에서 엄마의 신차를 정리정돈 해주느라
함께 하는 모습을 바라보는 나는
기쁨과 감사가 넘나드는 가슴을 안고
너희들 모습을 흡족히 바라보았다
십년 이상을 탄 세피아는 참으로 많이 낡아서
나와는 어울리지 않는다고 사람들이 그랬지만
내게는 한없이 정이든 고마운 나의 낡고 작은 집이
었다
그렇게 정이든 세피아가 사라지고 없으니
보고 싶기도 섭섭하기도 하여 한켠 찡하기도 하구나
아름다운 은빛 포르테!

"그동안 충성스러운 어머니께서 낡은 차를 몰고
봉사 다니는 것이 안타까워 여호와께서 굳이
새 차를 보내주셨다고
아마겟돈까지 포르테로
열심히 봉사하시라고 보내주셨습니다."
라고 아들이 말해
나는 가슴 뭉클한 행복을 느꼈구나
고맙다 나의 분신들아!

노인

노인 복지회관에는
노인들만 있다

허리가 구부러진 사람
다리가 휘어진 사람
어깨가 비뚤어진 사람
치아가 없는 사람
휠체어를 타고 온 사람
목발을 짚고 온 사람
백발을 휘날리는 사람
모두 노인이란 이름으로
복지회관에 왔다

북 치고 장구 치는 노인보다
스포츠 댄스를 추고 있는 노인보다
창 곁에 앉아 떨어지는 낙엽을
바라보는 노인이 더 아름답게 보인다

그것은
황혼과 가을의 어울림에 더하여
삶의 연륜이 고여 있는 노인의 주름과
주름에 묻어있는 침묵이
더 향기롭기 때문이다
침묵이 전해주는 노정의 애수가
더 감미롭기 때문이다

나의 갈망

나의 갈망은
아주 작아요
나의 갈망은
너무 작고 단순해서
꺼내놓기가 부끄럽네요
나는 남이 볼까봐
그 갈망을 숨기려 하네요
높이도 넓이도 크기도 작아
다들 실망할 테니까요
그러나
내겐
더없이 소중한 꿈이네요
나는
안전지대에서
소중한 가족들을 바라보는
피켓을 늘 들고 시를 쓰고 싶네요
아! 그래요
전원이 있으면 딱 좋겠네요
푸른 색깔이 있어야 하니까요

내가 살아있는 흔적

10月의 마지막 밤도 지났다
이젠 낭만을 얘기하지 말자
차가운 겨울바람이 불기 시작했다
잊혀지고 말 시간들
시간과 분과 초들을 스치며
오늘도 나는 길을 걷는다
가방을 들고서...
가방 속에는
바이블과 워치타워 간행물들이 들어있다
차가운 바람들이 불어대도
내 마음속 강물은 출렁거린다
사람의 온유를 찾는 순간의 기쁨을 위하여
희망의 출렁거림을 포기하지 않는다
"안녕하세요?"
"주인계세요?"
"인생의 목적을 전하고 있어요."
"가정의 행복을 돕고 있답니다."
"무료 가정 성서 교육을 돕는 자원봉사자입니다."

차거운 바람도
매서운 눈발도
이 멋진 메시지를 거부할 수 없다
내가 살아 있다는 흔적은
오늘도 가방을 들고 있기 때문이다

지나간 것들에 대한 그리움

지나간 것들에 대한 그리움 때문에
나는 가끔 슬프다
그것들이 다시 올수 없다는 생각만으로도
충분히
눈물이 날 이유가 된다
가슴 저 밑바닥에서
꿈틀거리는 그리움이란 모체는
어디로부터 오는
슬픔인가?

神이 내린 규율 앞에서 때때로
조용한 슬픔을 씹는다
떠나버린 사랑도
떠나버린 청춘도
떠나버린 희망도
떠나가 버렸다는 과거론 안에서
그 동질의 아픔으로
블랙홀이 된다

아! 슬픔이여
지나간 것들에 대한 그리움이여
다시는 만나지 못할 것들에 대한 그리움이여
작별을 고하지만
늘 눈물이 난다

전쟁의 종말

푸르고 아름다운 별이 울고 있다
전쟁이란 이름으로 강물이 된 선혈들
왜 인간은 서로의 피를 요구하는가?
왜 인간은 서로의 심장을 찌르는가?
파괴하고 짓밟고 할퀴어서
결국은 쓰러진 자의 생명을 갈취하는 자는
누구인가?
그 자가 웃고 있다
발톱을 감추고 인간의 살생을 종용하는
악마는 계속 전쟁을 조장하며
지구의 평화를 깨트린다

이제 끝을 향해
그 쓰라림은 카운트다운 되고 있다
재빠른 속도로 질주해야 한다
전쟁의 종말을 고하는 창조주의
우렁찬 명령이 시행되고 있다

그리고
파라다이스의 향기가 스며들고 있다
여호와의 분노가 비로소 전쟁을 짓밟는다
아! 기다리던 평화가 넘실거리며
행복으로 지구를 재건하소서
푸르고 아름다운 별의
쓰라린 눈물을 닦아주소서

아들의 목소리

어머니~이~
아들의 목소리는
인생의 희락이구나
아들이 내 손을 잡고
희망을 이야기할 때
삶의 위로는 중첩되고
네 맑은 동공에서 바다를 본다
숫자도 알 수 없는
무형의 의미들이
긴 여로를 달리는 내 행로의 어디쯤이든
먹물을 칠하듯 다가올 때도
아들이란 바위가 있어 든든하구나
나무가 푸르다는 것
하늘이 높다는 것
만지고 쳐다보는 것도
아들이 있으므로 생존이란 의식 속에
운율을 제공한다
그 운율은 늘 나의 일과에
푸른 시나리오를 쓰게한다

나의 시나리오는 바이블의 교육을 통해
더욱 성숙하여
아들의 목소리를 들을 때마다
여호와께 찬양의 기도를 드리는구나

골목바람

모퉁이, 구부러진
긴 비탈길
그곳에 골목이 있었다
바람이 달리는 길이었다
그곳에서 때때로
내 영혼의 그림자를 세워두고
무더움을 식혔다
땀이 진창으로 솟구쳐
냉기가 필요하면
그리운 사람이 기다리듯
달려가 눈을 감고 골목에 서서
골목바람에 안겨보아라
그리도 아름다운 포옹은 없다!
섰다간 돌아서곤
섰다간 돌아서곤
무더위에 지칠 때, 고독이란 지팡이를 세우고
골목길, 큰 나뭇잎 부채아래서
눈을 감아보아라
아 골목바람!
그 청빈한 유혹을 마시게 된다

매미의 첫 울음

"아! 매미가 울었네요!"
"그 소리를 들으셨어요?"
"그래, 방금 귀에 스쳤어"
아주 짧게 귀에 들려온 매미의 첫울음
2012년 7월4일 9시경
매미의 첫 울음소리에
순간 두 모자는 상기되어 유쾌히 웃었다

"비로소 올여름이 시작되었군요"
"그래 말이다"
두 모자는 여름이란 의미를 교환하는
은유적 미소를 띠었다
아! 이제부터 매미와 더불어 여름은
뜨거워지겠구나

싫다 해도 다가오는
밀쳐내도 다가오는
천륜 같은 계절이여

이 여름에 매미는 얼마나 울어대며
삶의 애달픔을 호소할까?
그 울음소리 같은 끈질긴 사랑이
또 있을까?
사랑을 달라고
사랑을 달라고

생명에 대한 문답

문 : 모두 죽는데 당신은 왜 산다고 합니까?
답 : 산다는 것은 인생의 목적이며 허상이 아님을 알았기 때문입니다
문 : 죽는 것이 섭리인데 산다는 것이 허상이 아니라면 허욕이 아닙니까?
답 : 사는 것이 섭리이며 살고 싶다는 것은 본능입니다
문 : 본능에 의한 욕구는 허망한 진보로 진실에 대한 실책이 아닙니까?
답 : 본능은 태초에 예지이며 영생에 대한 추구는 욕심이 아닌 사필입니다
문 : 당신은 살고 나는 죽습니까?
답 : 누구든 창조주의 목적 안에 존재의 의미를 찾는다면 죽지 않습니다
문 : 당신은 증거를 제시하십시오
답 : 바이블이 그 증거이며 보이지 않는 믿음의 투혼입니다
문 : 바이블은 종잇장이며 인간의 역작일 뿐이요
답 : 바이블은 생명으로서의 화살이며 창조주의 과녁입니다

문 : 바이블은 신화이며 죽음의 비화가 엮어낸 가설이오
답 : 바이블은 창조주의 선물이며 인생의 희망입니다
문 : 현실을 외면한 이상주의자들의 맹신이 아닙니까?
답 : 바이블의 스토리에 생명의 화살을 맞아보십시오. 그 화살을 맞고 비틀거려 보십시오
세상에 대하여, 사물에 대하여, 깊이 혼란해 보십시오
진리의 화살을 맞고 제발 쓰러져만 보십시오
새로운 영적 감각으로 세상을 직시하게 됩니다.
하이얀 세상을 바라보게 됩니다
생명의 실체를 깨닫게 됩니다.

바다가 삼킨 영혼들

시퍼어런
물이 범람하고 있다
저 물밑에 아이들이 있는데...
지금 막 예쁘게 피고 있는
꽃봉오리들이
무참히 수장되고 있다
인간의 이기심과 탐욕이
또 사탄의 덫으로 사용되었다
아! 가슴이 죄여든다
아비규환의 비명 소리가 귀를 찢는다
그러나 파도는 씩씩하고
오늘은 더욱더 잔인하구나
조류는 인간의 접근을 금하며
제 갈 길로 조급히 가는구나
왜? 그래야만 되는가
왜? 왜? 왜?
가슴을 닫자
마음을 닫자

바다가 삼킨 영혼들을 기억하고 있다
"바다가 그 안에 있는 죽은 사람들을 내어 줄 것이다."
여호와께서 큰 목소리를 발하며
위로하신다!

길과 삶

길에서 서성이다
길 따라 살다
길에서 정지되는 삶
길이 내놓은 삶의 지표를
따라서 따라서 가다
움켜잡은 욕망도 버려둔 채
길을 등지고
흙으로 돌아간다

모든 자들의
애달픈 여정
인간은 자신의 휴식처를 찾아
길로 나아가건만
나아가다가 나아가다가
정지되는 길과 삶

나의 빈집

비워둔 나의 혼자만의
집은
쓸쓸하겠구나
나의 산세베리아도 물을
기다리겠구나
나의 스킨답서스도
나를 기다리겠구나
오! 나의 동백꽃은 붉은 자켓을 버렸을까?
모두들 나를 기다리며 슬퍼하겠구나
그들은
너무 갈증이 심하여 탈진을 했을지도 모르겠구나
그리하여 푸른 잎새는 검게 탈색되었을까?
갑자기 쓰러진 아들 곁에서
나는 정신을 잃고 허둥대고 있다
나는 영혼을 도려내는 아픔에서 헐떡이고 있다
나의 아들의 다급한 중환이 너무나도 깊어
격동의 시간들에서 헤어나지 못한 채
나의 빈집의 꽃나무 곁으로
갈 수가 없구나

내일 모레쯤 내일 모레쯤
그러다가 또 내일 모레쯤
아들의 아픔이 끝날 때 까지는
늘 내일 모레쯤…

중환자실

도처에 틀어박힌
음산한 기운
사망의 계곡에서
생명을 사수하는 절박함의 소음들
창조주의 품을 벗어난
인간의 애절한 절규가
사탄의 발치에서 신음한다

살아야 하는 단순한 논리의 절박함
죽음의 함정을 벗어나려는
탈출자의 극단의 몸짓들이
병실의 이곳, 저곳에 흩어져 있다
이 사물의 제도를
만들어낸 자의 유희가
아름다운 문향으로 연출되는 곳
죽음의 잠에서 깨어남으로
갈아탈 수 있다면…

아!
생명 곡예의 사슬을
풀어내는 전능자의 손길만이
이 비통함을 끊어버릴 수 있나이다!
일사분란한 간호사들이
생명그래프를 그려대고 있다

감동의 콧노래

만 2년 만에
아들의 콧노래를 듣는다
2017년 1월 6일
네가 갑자기 쓰러지다니
헤모글로빈 1.7까지 내려감
더 이상 가망 없음
오늘 밤 장례준비 하라고 함
이 무슨 청천벽력이라니!
아!
생명의 마지막 진액까지 쥐어 짜내는
극악한 고통 속에
오직 기도라는 닻줄을 잡고
여호와께 아들의 생명줄을 애원하던
어미의 탄고
그리고 기적처럼 살아나
이제 그 기나긴 암흑의 해저를
헤엄쳐 나왔구나
너의 잔잔한 콧노래를
네 옆, 어미방문 너머로 듣는다

감동의 눈물이 주르륵 흐르는구나
살았다! 고슴도치의 기쁨
아들이 살았다!
일 년만 더 기다리자
강건한 회복을 위해...

낙관이라는 선물

때로는 사색지대에서
낙관을 만날 때
인생의 홍조를 바라보게 된다
그 좋은 선물을 받고
삶을 추스르게 된다

생명이란 거대한 짐을 지고
시시각각의 세포와 세균들이 마찰하듯
나의 유익을 위해
싸우며 번뇌하는 시간표가
어느덧 빛을 바래고 찢겨져 나가고
새로운 그래프가 나타나지만

그래도
멋진 사색 지대에서
희망을 그리며 낙관을 만날 때
나는 홍조를 띄며
인생을 또 한 장 힘차게 넘기게 된다

어떤 감동

아침에 눈을 떴다는 것이
이 맑은 공기를 음미한다는 것이
나의 눈과 귀로 사물을 만난다는 것이
이 시간,
네가 내 곁에 있다는 것이

아!
생명의 신성함이여
나의 발걸음 하나하나가
나의 생각의 달음질이
나의 것만이 아니게 하는
이타적 몸부림으로 소용돌이치게 하소서!

오!
나의 아버지 여호와여
이토록 가치 있는 생명을
이토록 고귀한 호흡을
감사히 가지도록 머리 숙이게 하소서!

백련산 뻐꾸기

하루에 한두 번은
백련산 뻐꾸기가
아파트 뒤쪽으로 외출을 한다
그리고는 예쁜 목소리로 노래한다
뻐꾹 뻐꾹 뻑뻐꾹 뻑뻐꾹
또 잠시 후, 뻐꾹 뻐꾹 뻑뻐꾹 뻑뻐꾹
나의 에고이즘이 너의 목소리를
갖고 싶어한다
아! 부럽구나
그 멋진 아리아
너의 부모는 누구 길래
그리 예쁜 목소리를 주신거니?

3부

시인의 언덕

시인의 언덕

시인의 언덕위에
가을이 오고 있다
해환 윤동주님은 흙으로 돌아가고
한 맺힌 그의 영은
주신 분께로 돌아갔다
사람들은
시인의 언덕위에
아름드리 석상에 새겨진
서시를 읽으며
윤동주를 그린다
고령초의 푸르고 키 낮은 잎새들이
낯선 노객들을 빠른 손짓으로 반길 뿐
해환 윤동주님은 말이 없다
나는 하늘을 향해 부끄럼 없이 살고 있는지?
자문하게 된다

다만 억눌린 그 영혼을 기억하는 분께
두 손 모아
기억무덤의 빗장을 열어주기를 기도한다

한 때의 동화

그대는 그 때
하얀 색깔의 백조였어요
그러던 어느 날
갑자기 검은 색깔로 바뀌었지요
질투심에 뭉쳐진 까마귀가
모든 백조를 변하게 했지요

인간 모두가 갖고 있는
잠재된 모순이란 마음속 웅덩이에
검은 유해 색체가 있다는 것을
세월이 지난 지금
그 동화를 깨닫게 되었지요

그래도 그때 까마귀로 인해
그대가 변질된 탓을
내게로 돌리고 싶었던 것은
내 사랑의 진실 때문입니다
나의 동화에 남겨진 오점이
때로는 슬픔이 되어

내 마음을 흔들 때 하늘을 봅니다

휴우- 하고 한숨을 쉬고 나면
그대의 검은 색깔이
하이얀 추억으로 다가옵니다
그리고 그대가 그리워집니다

꽃 망 울

하고픈 얘기 하도 많아
망울이 되었지
곧 터질 것 같은 네 모습
못 견디어
못 견디어
이제 곧 터트려 버릴
네 입술의 비밀

슬픈 시

왜
해환 윤동주는
슬픈 시만 썼을까
시대가 서러움에

왜 내 조카 김하진은
슬픈 시만 썼을까
사랑이 애달픔에

모든 게 슬퍼진다
내게 서러움을 전하지 말라
내 눈물을 빼앗길까 두려워 진다
눈물을 아끼고 싶다
인생을 비애로 마감해선 안된다
하늘처럼
원대한 꿈이 있다는 것을
별처럼
보석처럼
반짝이는 목적이 있다는 것을

그 비밀의
휘장을 젖혀 보아라
성령이 반드시 도울 것이다

치 매

어느 날
갑자기 나를 잃어버린 채
자아는 사라지고
백치로 변해 버린 슬픈 질병
노인으로도 서러울 진데
뇌 속으로 살며시 찾아온
검은 그림자
치매라는 마의 그림자
고칠 수 있는 단 하나의 치유법은
오직
전능자의
신권 통치일 뿐

너의 사랑은

온통 너의 사랑은
너의 님을 애달피 그리는 사랑

온통 너의 사랑은
너의 님을 목메어 부르는 사랑

사랑이 그리도 애닯고
사랑이 그리도 목메이다면

그 사랑 폭풍에 날려 보내렴
그 사랑 풍랑에 던져 버리렴
그리고
다시는 그 비애를 떠올리지 말렴
아니라면
무덤까지 끌어안고 가렴
그 쓰라림이 그리도
가치가 있다면…

모든 이의 봄날이 간다

인생에는
태초의 부름이 존재한다

원초적 설계가
각자에게 주어지지만
삶의 무게가
걸어가는 길마다
달라진다

고행의 수레를 끌고
땀 흘려
정상을 향해 가는 사람들
설계도는 난해 해지고
비바람 안개 속에
아무리 올라간들
드높이 올라선들
기다리는 곳은 흙무덤!
스올이라는 휴식처일 뿐
모든 이의 봄날은 간다

파이오니아

온종일 걸어도
힘이 안 드는 것은
기쁨 때문인가
희망 때문인가

절망에 허덕이는 영혼들에게
허망에 질척이는 영혼들에게
이 기쁨을 전해야 한다
이 희망을 전해야 한다

그들의 거짓 아비를 위해 살지 않고
진리의 참 아비를 위해 살 수 있게
목청이 터지도록 소리 지르며
귀청이 터지도록 함성 지르며

그들의 아버지를 찾아줘야 한다
그들의 창조주를 알려줘야 한다
마지막 추수 밭을
달려가는 파이오니아!

삶

망망대해를 헤엄쳐
알 깨어난 곳으로 향하는
연어의 본능처럼

인간의 슬픈 몸부림은
오늘도 푸른 파도를 헤집고
가파른 물살을 거슬러
역주행한다

알 깨어난 곳에는 죽음이
기다리지만, 그 끝자락!
음부를 향해
성실함으로
부지런함으로
충실함으로 헤엄쳐 가야 하는
인간의 삶
본능의 삶

2020년 새벽 0시

그냥 조용히
받아들이면
그냥 말없이
스쳐가는 시간들
1분 2분 흘러가더니
10년 20년 훌쩍 떠내려가더니
어느 날 칠순이 넘더니
어느새 2020년이 떠밀려 왔다
셀 수도 없는 무한대
경악도 원망도 없이
순수히 섭리 앞에 고개 숙이라

그리하면
인생의 이정표 앞에 서서
벼랑 끝을 볼 수 있는 안목이 있다

묵묵히 묶어진 칠십 중반의 삶
그런데 그 내면 가장 깊숙한 곳에
희망과 목표를 겨냥한
눈부신 열정이 존재함에
감사해야지...

마스크 시대

이 골목
저 골목
곳곳에서 마스크 쓴 사람들이
걸어 나온다
코로나 19가 두려워
엘리베이터에도
에스컬레이터에도
마스크 쓴 사람들의
눈동자만 굴러다닌다
눈! 눈! 눈!
여기 저기 눈으로 말하기
무서운 질병
무서운 기피
피해의식에 지쳐버린
입도 코도 막아버린
강도 같은 모습으로 변해버린
사람들의 모습
재난 시대의 모습
2020년의 모습

일상의 그리움

소소한 일상이 넘 그립구나
사소한 행위들이 넘 그립구나
그대의 말소리
그대의 발자국 소리가
이렇듯 그리울 줄이야
등 너머 들리던 그대의 웃음소리 그리고
차창 밖 그대의 손짓까지
아련한 그리움이 될 줄이야

성급한 두려움을 떨치고
긴장의 끈을 놓지는 마라
조심조심 그리움의 꽃을 키우며
비로소 그대를 만날 때
뜨거운 포옹으로
입맞춤 하리이다!

슬픈 봄소식

봄이 왔건만
온역이 봄을 짓밟고
세계를 근심케 한다
죽음의 그림자가
어디로 불씨를 던질지
모든 사람들이
그 그림자를 밟지 않으려고
동선을 기피하고
몸을 숨긴다
코로나 바이러스의 마독

바이러스와 사람들
사람과 바이러스들
대결 아닌 대결에
봄이 슬퍼한다

봄, 풀꽃 앞에서

마스크도 필요 없는 너
몰핀도 필요 없는 너
보약도 먹지 않는 너
수술도 하지 않는 너
그리고도 바이러스를 이기는 너

언제나 봄을 나직이 지키고
언제나 너의 향기를 지키며
언제나 네 자리에서 너의 의무를
다하는구나
가냘프고 부드러운 작은 봄, 풀꽃
변함없는 기적으로 다가오는
오!
이 아름다운 충실함!

진리와 구원의 단순한 논리

우주는 하나, 하늘도 하나,
땅도 하나, 지구도 하나,
창조주도 하나, 참 종교도 하나,
대속주도 한분

진리는 하나, 믿음도 하나,
침례도 하나,
순결한 언어도 하나,
가장 좁은 길도 한길
구원의 길도 한길

순종도 한분께만
승인도 한분으로 부터만
정로는 진리와 구원의 단순한 논리!
사랑 많은 참 하느님의 친절한 논리!

아름다운 지구

인류의 집
당신의 집이며 나의 집 모두의 집
너무 아름다워 숨 막히는 집
너무 경이로워 경악하는 집
23.5˚ 기울어 시시각각
기적이 분출되는 집
수천경수만해의 반짝이는 별들의 속삭임
보라!
저 원대한 광야의 야생무리들이 끝없이 나아간다
수천수만의 셀 수 없는 찬란한 빛깔들이 난무한다
황무한 저 불모지에도 꿈틀거리는 생명체들
존재를 위한 사투가 소리 없는 전야제가 되었구나
출렁이는 파도를 헤쳐나가는 우렁찬 물고기의 함성
그들은 태산을 밀어내는 몸집으로 문명을 삼킨다
이 모든 것들이 지구에 있는 이유는?
이 모든 삶의 움직임이 왜 이리 아름다운지?
이 모든 생명의 기적들이 왜 존재 하는지?
이 모든 경이로운 마련들을 누가 하셨는지?
알아보라! 반드시!

창밖의 무소음

아파트 창밖
소음이 있었던 곳에
소음이 사라졌다

아파트의 놀이터에
아이들의 발자국 소리가 들리지 않는다
소리치고
깔깔 거리던 아이들의
재롱 소리가 그립다

코로나의 독기가
어서 빨리 사라져 다오
창밖의 무소음에는
삶의 진동 소리가 사라졌다
삶의 생기가 끊어져 버렸다

변하는 세상의 장면

거대한 핵폭탄이 웅크리고 있다
사나운 살생 무기들이 쪼그리고 있다
사람을 죽이기 위해 만들어진 저 악랄한 무기들
그들은 지금
또 하나의 살생의 신무기를
조용히 지켜보고 있다
죽음의 기회를 노리는 보이지 않는 미생물
핵을 제압하고
모든 살생 무기를 비웃으며
인간의 심폐기를 물어댄다
은밀한 살인마
죽음의 권세를 얻어낸 바이러스들의 판토마임
그 덫에 걸리기만 하면 생명줄을 끊어간다
인류가 쌓아 올린 모든 업적이 찢겨지고 있다
전쟁과 분열!
종교와 대립!
당파와 갈등!
선거와 유세!
상업과 책략!
문화와 문명!
그 모든 것이 바이러스가 만든 화형장으로 간다
그리하여 세상의 장면이 변하고 있다

코로나 19에 바램

봄의 축제 소리가 들려야 할
아름다운 4월이건만
만발한 봄꽃들은 함성 소리를 죽이고
마스크로 찌든 사람들의 눈초리를
지켜본다
만개한 유채꽃을 트럭으로 갈아엎어
인간을 유혹하지 못하게
숨통 까지 끊어 버렸다

이곳저곳에서 죽어가는 사람들
이 나라 저 나라에서 쏟아지는
비극의 스토리
이제는 그만!
이제는 그만!
인간의 무지와 교만을 용서하고
죽음의 덫을 거두소서
그러나 하늘의 뜻으로 인도하고
창조주의 뜻 안에서 인도하소서!

호두나무 식탁 카페에서

출근 금지
외출 금지
야외 봉사 금지
집회 모임 금지

갑자기 나타나서 순식간에
인간의 자존심을 밟고
제약의 황제로 군림한 살인마
바이러스 코로나 19

마스크의 절대적 착용
사회적 거리를 두고
손 씻기에 심혈을 기울여라
2주간의 격리
2주간의 격리의 연장
2주간의 또 격리
2주간의 또 한 번 더 격리
그러면서 어느덧 석 달을 접어든 채

아직도 미생물과 인간의 전투는 끝나지 않았다

침실 옆 눈곱 뗄 때 만나는 나의 공간
주방 곁에 붙어있는 호두나무 식탁 카페
아점을 먹고 나면 주방에서 카페로 변신한다
그곳에서 JW 방송을 듣자
그리고 묵상도 하자 그리고 봉사도 하자
오늘도 충실한 정규 파이오니아로서!

손가락 인생

손가락으로 모든 걸 터치하라
온라인에 터치하여 삶을 진행하는 세상
손가락으로 세수하고 화장도 하고
식사하고 용변도 해결하고
손가락으로 운동하고 드라이브도 쇼핑도 한다
손가락으로 온종일 스마트 폰을 하고 인터넷을 한다
슈퍼마켓 갈 이유도 사라졌다
의류 가게에 갈 이유도 사라졌다
손가락으로 자정에 주문을 하면
새벽에 찾아오는 즐비한 손가락의 터치품들
기막힌 손가락 인생!

살아있는 아들 곁에서

이식 후 만 1년이 된 날
2020년 5월 15일
아들이 제 모습으로 돌아왔다
몸무게 68 킬로그램
허리둘레 31 센티미터
예전 수치로 돌아왔다
이 세상의 모든 온유를 가지게 됨을
이 세상의 모든 감사를 가지게 됨을
이 세상의 모든 행복을 가지게 됨을

모든 어머니들의 희망이
모든 어머니들의 염원이
모든 어머니들의 기도가
오늘도
내일도
그 이후의 수많은 날들에도
계속되리라
영원한 열망으로
계속 되리라

오만한 추론

사탄은
사람들의 교만함을 이용하여
감취인 오만한 성향을 부추겨
거짓된 추론을 계속 배양시킨다
가중한 논리를 계속 숙성시킨다

그것은
학문을 창조주보다 더 높은 자리에
올려놓고 딜레마에 빠지게 하여
결국 답이 없는 끝없는
블랙홀로 들어가게 한다

그러므로
그들의 논증에는
문제에 대한 해답이 없다
해답이 있다는 건
오만한 추론을 무너뜨리는 것이기
때문이다

이단 I

기성 종교가 만든 배타적 단어
바벨론의 에고이즘이 만든 우월적 단어
이 세상 통치자가 만든 오만한 단어
우주 주권자 여호와를 능멸하는 단어

메시아는 참 하느님 여호와의 아들이건만
그를 나사렛 이단자로 몰고
예수 그리스도만이 대속주 이심을 부인하며
민족의 배반을 유도한 종교 지도자들의 음모
형주에 못 박힌 인류의 화목제물
그 앞에 둘러선
위선적인 거짓 선지자들
그들의 후예들
즐비한 거짓 종교의 후손들!

이단 II

짐승과 음녀의 환상적 결합이여
세상의 영광된 숭배를 받으며
미소 짓는 회칠한 무덤들인
거대한 거짓 종교 세계제국이여
그 위에 앉은 거짓 하느님
창조주 여호와 참 하느님의 영광을 가로챈
스랍의 별이여!

네가 만든 거짓숭배의
화려한 베일을 벗어 던져라
그들은 그들이 조장한 법법으로
나사렛 이단 예수를 처형하고
나사렛 이단의 괴수란 이름으로 바울을 처형했다
숱한 참 예언자들을 죽인 사탄의 하수인
이 세상 음녀여
이제는 수많은 거짓 이단을 배출하여
참된 이단을
희석케 하는구나

풍랑이 이는 곳

풍랑이 일고 있다
사람들이
보고 듣고 만지고 접하는
모든 곳에서
풍랑이 일고 있다
일그러진 인생의 고달픔이
모든 사람들의 삶을 꺾고
지친 허리들을 세우느라
저리도 땀을 흘리는구나
저 가엾은
영혼들을 위해
누가 무엇을 할고

이곳, 저곳
어디에서든 삶의 풍랑이 일고 있다
저 비참한 영혼들을 위해
누가 무엇을 해야 하나
먼저 손을 내밀고
먼저 다가가야 하는데…

살다

빛살이 쪼개지는 설레임으로
창자가 끊어지는 애절함으로
피를 토하는 처절함으로
살아 보다

그래도 기쁨이 계속되며
그래도 애정이 솟구치며
그래도 정성이 넘쳐나며
살아 보다

다정한 눈빛으로
온유한 교화로
열정의 목표로
살아 보다

어제도 오늘도 내일도
그렇게 살다

얍복의 여울목

야곱의 선행이 전시된
얍복의 여울목이여
두려운 에서의 수종 400명이
머얼리 보이네
이제 가까이 가까이 다가서며
겸손히 일곱 번 절하며
형에게 용서를 구하는 야곱
형제의 화해의 눈물이 하늘에 닿았네

인류의 역사를 빚어내는
위대한 토기장이의 손이여
선택의 권리를 가지신
창조주의 성령이
최상의 충성 자를 선정하셨네
아브라함과 이삭의 후예를 얻기 위해
야곱이 이스라엘이 되었도다
인류를 구원할 메시아의 가계여
지존자의 준엄하신
설계의 손이여!

사람

언어와 사고가
있으니
사람입니다

하나 더
사랑이 있으니
사람다운 사람입니다

언어와 사고가
있어도
사랑이 없다면
그저 사람일 뿐
사람다운 사람이 아닙니다

1세기 예루살렘 재난의 성

기원 70년 이스라엘 백성들은
예루살렘 성안에 갇혔었네
기원 67년 이미 펠라산으로 도피한 자들은
목숨을 건졌었네
예루살렘 성안에 갇힌 자들은
로마 군인들의 철벽을 뚫을 수가 없었네
로마 군인들은 이스라엘 백성을 포위하고
예루살렘성을 가중한 군기로 포위했네
포로된 이스라엘인들은 배고파 자녀를 먹었다네

이성을 잃으면 인성을 상실하고
인성을 잃으면 야생으로 바뀌는 돌연변이
창조주의 법령을 어긴 가엾은 영적 맹인들이여
순리의 설계도를 벗어난 불야성의 동물들이여
하등과 고등의 격차는 질서가 주는 수위일 뿐
창조주의 법령 안에만
인간 존재의 이유가 있다네

고통과 부르짖음, 피 끓는 아우성,
멸망의 재가 기다리는 마의 함정을 살펴야 하네
21세기 재난의 성안에 갇힌 자들이여
존재의 이유를 알기위해 눈을 떠라
보호를 받기 위해 생명의 근본을 찾으라

4부

마중물 되고픈 계절

진정한 용기

진정한 용기는 힘이 있다
진정한 용기는 정의가 있다
그리고
반드시 행함이 있다
용기 있는 말을 하라
용기 있는 눈으로 바라보라
용기 있는 자세로 등을 세우라

올바른 생각을 따르는 자라면
올바른 판단에 진의한 자라면
올바른 인성으로 처신한 자라면
늘
한결같은 용기를 가지라
그리고 철과 같은
구부러짐 없는 행동을 하라
단지 온화함으로 하라

가혹한 마무리

이이도
저이도
그이도
곁에 없구나!

이이도
저이도
그이도
어디로 갔나?

늙어가는 세월 속에
노랫말을 짓고
황폐해 가는 육체의 주름살로
포장된 드라마를 이어가는
모든 노인들이
생애의 애환을 엮어간다

혼자라는 고독한 상실감으로
한줄기 눈물마저 메마를 때쯤
흙의 원소로 돌아가는 가혹한 마무리
그것이
인생인 것을
왜 모르나요?

어떤 동정심

당신의 아흔아홉 가지 분노의 영이
단 한번 조용한 침묵의 고개 숙임으로
봄눈이 되어 녹아 버리는 것을
부드러운 동정심은
야로부터 오는 선물

새벽길
여명의 빛살처럼
마음으로 파고드는 애달픔
깊은 심장에서 솟아나는
사랑의 노래여

태초의
창조에 근거한 후손들
그 청량한 아름다움을 찾아 주오
그 영롱한 빛줄기 안에서 영원하리오
값없는 선물이여
값없는 동정심이여

이미테이션

매력 있는 너
이미 너는 화려한 가식
그래도 너는
너의 아름다움으로
눈부신 포로들을 점령하였구나

참이 아니건만
그 위선이
조용하고 나직하여
그리하여 너의 포로들은
너의 가식을
미워하지 않는구나

음성적 도구지만
구성적 만족으로 태어난 너
누를 범하지 않는 선택으로
작은 권한을 즐긴다

가을 문턱

폭염 주머니를 젖히고
가을이 살며시 볼을 내민다
고맙고 반가운 만남
갑자기 하늘이 높아진 듯
갑자기 구름이 푸르러진 듯
두웅실 희망 애드벌룬이
하늘 한켠에서
미소를 짓는다
바이러스의 습격에
갑자기 막아버린 코와 입
장맛비는 50여일을 할켜대고
수마로 와해된 작은 미래
사라진 행복 부스러기를 찾으려는 사람들
그 슬픈 몸부림들이
이 가을 문턱을 넘나든다

생존의 끈

평생을 걸어가는 길
생존을 위한 투쟁이 기다리고 있다
마의 협곡을 건너가야 한다
분노의 강물을 통과해야 한다
소리 지르거나 통분하지 마라
여자의 후손들이 건너가야 할 숙명적 현실이다

삶을 통째로 메고 갈 수 없다면
목숨을 짓누르는 강물을 토해내면서
마의 협곡을 벗어날 끈을 찾으라
더 큰 이의 힘이
더 큰 이의 도움이
그 끈을 던져줄 것이다

조용히
감사하며
그 끈을 확실히 잡으라
축복은 앞으로
그 끈으로 인해 올 것이다
분노의 강물을 건너게 되며
마의 협곡을 벗어나게 된다

풀벌레

창조주께서
무엇으로
지으셨길래
어둠의 묵시록 안으로
저토록 아름다운 멜로디를 보내는가?
찌륵 찌륵 찌르르르르
삐륵 삐륵 삐르르르르
풀벌레의 악기 소리에
도취하는 밤
풀벌레의 노래 소리에
만취하는 밤

기억의 슬픔

모든 것은
무에서 무로 돌아갈 뿐이다
그 중
인간의 무형이 가장 슬프다
무에서 무로 갔건만
기억이란 존재 안에서 그들은
늘 함께하기 때문이다
삶을 버리고
망각이란 무덤 속으로 갈 때까지
유형의 기억들은
온갖 파노라마를
계속 찍어 댄다
희로애락의 기억들은
남겨진 인간들을 슬프게 한다
이 비극이 거두어질 날이
어서 오기를…

표류

광기를 수반한 고통
느끼지 마라
느껴선 안된다
영으로나
육으로나
표류는 철저한 함몰이다
폐혈의 고통이 따르는 그 정적을
어찌 견디리오
인간은 혼자가 되어서는 안 된다
고립되지 마라
고의든 자의든 실수든
인간은 혼자서는 살 수 없다

지푸라기라도 잡고
호흡을 멈추지 마라
하나가 아닌 둘
둘이 함께하는 하나가 되어
표류를 막아내라
그 상대적 가치는
진리처럼 숭고한 휴머니즘이다

살아 숨 쉬는 행성에서

어떤 까닭에 의해
이 곳
장엄한 태양계
지구라는 행성에서
나의 존재가 호흡을 하는가?

오! 찬양과 숭배로
점철되어야 할
이 작은 생물체여
미흡한 한 조각 먼지처럼 작은
인간이란 생물체에게
주신 것도
맡기신 것도 많으십니다

밤이 새도록 감동의 눈물로
달과 별에게 속삭입니다
해가 바뀌도록 조잘댑니다
변함없는 기쁨으로 노래합니다
수천 년 수만 년이 지나도록
변함없는 찬양과 숭배를
바치리이다

한 시절 해운대

그때
한 시절
청춘의 목마름이
머물렀던 곳

푸른 파도 곁으로 희망을 만나러
달려갔던 곳
닻을 걸고 꿈의 항선을 띄우며
목청껏 소리를 질러 보았던 곳

때로는 레인코트 깃을 세우고
빗방울 튕겨대는 바닷물을 보려고
빗줄기 속을 비집고 넋나간 듯
찾아갔던 곳
성난 파도만이 바위에 부딪혀
울어댔던 곳
허무한 청춘의 무상들이
숱한 질문만 던져주던 바윗돌
기억의 주마등 가운데
댕그러니 남겨진 그림 한 장

담쟁이 부부

그대 키가 너무 높아
내 힘이 모자를 지라도
한 뼘 한 뼘 그대 키만큼
오르렵니다

그대 가슴이 너무 넓어
내 팔이 벅찰지라도
더디 더디 그대 가슴 넓이로
뻗어 가렵니다

모진 비바람에 내 옷이 낡아지고
세찬 눈보라에 내 온기가 메말라
꺾일지라도
앙상한 내 가지에 한 가닥 물길이 남겨진다면
그대 가슴을 껴안고
새로운 춘절을 기다리는 연정
그대는 담
나는 쟁이
우리는 숙명의 담쟁이 부부

마중물 되고픈 계절

그대가 올 때쯤
나는
그대 마중물 되어 달려갑니다
소롯한 그리움 안고
숨어 오는 그대
바람도 소슬히
오는 듯 마는 듯
조용히
옷깃으로 스며드는 그대

그대의 향기는
그윽하고 순수합니다
그대 발자국 소리에
내 순정은 그대 마중물 되어
그대의 시를 읊고
음률을 만들고
춤을 춥니다
오색 옷을 조용히 입히우고
보헤미안 되어 바람결로
떠나는 그대
아쉬움과 서글픔을 남기는 계절
그 눈물로 흘러내리는 가랑잎들

기도의 모자름

할 말이 많은데도 다하지 못하는 기도
할 말이 너무 미흡해서 다시 드리는 기도

늘 부족한 기도
늘 아쉬운 기도
그래서 다시 머리 숙여 드리는 기도

그렇지만 여호와여
그냥 그대로
나의 속마음을 살피시고
받아주소서

왕국 연가

폭풍의 파고가 멈추고
고난의 종식을 알리는 팡파레에
놀라고 두근거리는 가슴을 안아본 적 있나요?
왕께서 주시는 금잔의 생명수를
거저 받은 기쁨에
환희의 찬가를 불러본 적 있나요?

축제는 이제 곧 서막을 알리고
왕국통치는 인간의 눈물을 지우고자
거대한 치료의 종소리를 울려댑니다

이제 곧 그 휘장을 젖히고
전능하신 창조주의
사려깊은 위대한 손길이
모든 피조물의 슬픔을 지우기 시작합니다

왕국 연가 I

하늘의 별들이
죽음의 늪으로 떨어질 때가 있었나요
감당할 수 없는 비애로
가슴에 세찬 비바람이 몰아친 적 있었나요

숨어있던 눈물강이 칼처럼
영혼을 쪼개어 폐기물이 되어본 적 있었나요
풍랑에 찢겨진 닻이
어둠 속에서 너풀거리는 두려움에
떨어본 적 있었나요

동기간

계보와 가계
혈통과 가문
이 모든 것은
어디로부터 비롯되었는가?
전능한 힘으로 허락된 행보
모든 자들이
그 힘의 한계 안에서
하나의 태
하나의 양수 안에서
동기간이 되었건만

생각과 목표가 다를 때
잠깐!
한순간의 만남일 뿐
영원한 미로 속 먼지가 될 뿐
그 슬픈 결과물에
눈물 흘리는 이 아픔을 어찌하리오
아! 나의 동기간
죽음이 우리를 갈라놓기 전
우리가 하나이기를!

또 다른 사람

누구나
두 개의 사람이 있다
누구나
두 개의 나의 나가 있다

나 안에 들어있는 또 다른 사람
나 안에 박혀있는 또 하나의 나
그로 인해 사람은
승자가 되기도 패자가 되기도 한다

사도 바울이 잘 견디고
사도 바울이 잘 연단하여
또 하나의 나를 지배하고 사로잡았듯
잡히지 말 것에 잡히지 마라
이겨야 할 것에 능숙한 이기는 자가 되라
질 것에 지지 않는 강인한 자가 되라
승자가 되기 위해선
또 다른 나와 투쟁해야 한다

아름다운 유혹

진리 안에서도
세상의 풍조는
늘 아름답게 다가온다
그것은 순간적 유혹이다
가능한 한 유혹을 물리쳐야 한다

빛깔의 선택
숫자의 선택
원칙을 무시하지 마라
아직은 천년이 아니다
현실은 초침과 시침이 존재하고 있다

정신을 차리고 깨어 있어야 한다
화려한 유혹을 멀리하고
은밀한 환희에 도취해선 안된다
심신을 방심하면 방어벽이 무너지고
치유의 수선은 고통의 찌름일 뿐
기쁨을 잃어버린 자아 상실은
왕국의 의미를 지울 수도 있다

멋진 노인

언제나 선한 눈빛을 지닌 노인
언제나 입가에 미소를 띠우는 노인
타인의 유머에 밝게 웃어주는 노인
화가 날 때 큰 소리를 지르지 않는 노인
억울해도 분노를 발하지 않는 노인
불만의 표현을 삼가는 노인

단정한 외모를 중시하는 노인
고상한 향기를 풍기는 노인
슬픈 사연에 눈물을 흘리는 노인
기쁜 일에 열정적인 박수를 보내는 노인
먼저 지갑을 개방하는 노인
언제든 내 것 만을 고집하지 않는 노인
언제나 도울 사람을 찾는 노인

끝없는 연정

사랑을 주고 간 사람들
사랑을 받아준 사람들
그리고
무엇엔가 홀린 듯 흙먼지 속으로
다급하게 안개처럼 사라진
사람들
그 사람들이 그리워
눈물짓는 사람들

인간의 눈물을 닦아줄 수 있나요
인간의 슬픔을 지워줄 수 있나요
이별은 싫은 걸요
만날 수만 있다면
헤어지지 않는다면
이 비극의 드라마를
벗어날 수 있다면
눈으로만 보아도 정겨운 사람들
그들과 함께 영원히 동행할 수 있다면
내 모든 것을 내어 줄지언정
아깝지 않은 것을…

누가 그리스도의 뺨을 때렸는가?

당신이 아닌
내가 아닌
그 누구가 감히
창조주의 아들
그리스도의 뺨을 때렸는가?
빌라도는 죄 없는 그리스도를
살리려 하였건만
대제사장 안나스와 교활한 가야바는
예수 그리스도를
신성 모독이란 죄명을 씌우고
산헤드린 법정은 사탄의 목적에 기여하는
종교지도자들의 잔치가 되었도다
죄 없는 창조주의 아들이 한밤중 불법 재판으로
학대를 당하시는구나
그리스도를 조롱하며
그리스도를 주먹으로 치며
그리스도의 뺨을 치며
그리스도의 얼굴에 침을 뱉는구나
인류의 구원을 위해 이 모든 불법을 인내하는
예수 그리스도여!
당신이 참으심이 인류를 구원함이여!
너와 내가, 우리가 살게 되었음이여!

사랑과 용서

진리 안에서
용서란 법칙이다
인간은 생명을 빚진 자로서
누구를 용서할 자격은 없다
용서할 자격은 입법자이신 생명 수여자일 뿐
인간은 용서란 아가페를 통해
구원을 추구하고
구원을 이루어야 한다
용서란
진리를 깨닫는 자들에게 의무이며
다 이루어 낼 수 있는 마지막 관문이다
사랑과 용서를 통해
참된 구원의 자격을 이루어 내도록!

젊은 주름, 젊은 백발

아직도 주름살이 거북하십니까?
매우 젊습니다 당신은
아직도 하얀 머리카락이 거북하십니까?
매우 젊습니다 당신은
그냥 그대로 두어도
당신은 아름답습니다

그대의 주름살은 연륜의 나이테
그대의 백발은 경륜의 훈장
승화된 인생의 경지가
그대 눈가에서 웃음 지으며
승리한 삶의 열매가
그대의 입가에서 묵송합니다
아름다운 당신의
젊은 주름과 젊은 백발은
오늘 이후
당신을 더욱
아름답게 해 줄 것입니다

우울한 영혼을 위해

암울한 어둠이 어느 때부터
가슴 깊이 자리 잡으면
우울한 영혼이 된 모든 인생은
괴로운 신음으로 허덕인다

밝은 빛을 거부하고
아주 머언 태고의 북소리처럼
아무도 몰래
혼자만이 만들어 낸
어둠 속 골방구석 부산물들의 곡소리와
생각의 찌꺼기를 모아
채워지지 않는
자기 영혼만의 열차를 조립한다
불행으로 가는 열차를…

하루에도 수십 번
일어나고 쓰러지고
빛을 바라보렴! 어서 빨리!

마음속에 대화방을 만들어
벗을 불러 쉼 없이 사랑을 나누라
별과 달과 속삭이고
별과 달을 주신 분과 속삭이며
끊임없이 대화를 나누라
그러면 우울증에서 벗어나리라

사슬에 묶인 채로

부신의 원기가
아직 소진되지 않았다면
인간은
호흡이 지속되는 한
고귀한 생각을 합니다
기적을 계속 유지합니다
모기만한 욕망으로 말을 합니다
가야할 곳은 단 한곳
정해진 토양 속으로 들어갑니다
세상 밖으로 나올 때
살아 있노라고
살아 보겠다고 우렁차게 토해냈던
비장한 초아의 울음소리를
영원히 등지고
사슬에 묶인 채로 살아온
서글픈 생을 마감하게 됩니다

빈 손, 빈 마음, 빈 영혼

당신의 그 부유함이
당신의 그 명예로움이
당신의 그 원대한 야망이
하늘만큼
땅만큼
크기도 합니다

그것들을 어디까지 키워나가고
그것들을 기대 이상 자라게 하여
더욱더 강하고 튼튼하게 하였건만
그 누구도 얕볼 수 없는
철벽의 기세가 되었건만

토기장이의 손이 떠나면
그 부요한 명예와 야망이 어디로 갑니까?
당신이 이루어 놓은 업적이 당신과 함께
영원히 함께 할 수 있습니까?
당신의 빈 손. 빈 마음. 빈 영혼은
허공에 떠도는 메아리일 뿐!

칸타빌레 음악실

음악이 흐르고
DJ의 감미로운 나레이션이 울려댄다
젊음과 낭만이 들썩이는 곳
부산 남포동의 칸타빌레 음악실
희끄므레한 샹들리에 밑에
불같은 청춘들이 모여
주체할 수 없는 열정을 태웠지

째즈와 팝, 샹송과 깐쪼네와 발라드
그리고 락과 갖가지 퍼포먼스
낯모르는 청춘의 무리들은 음악으로 하나가 되어
두들겨대는 기타와
불어대는 색소폰에 맞춰
끝도 없이 춤을 추었지
오우오우오우 예~ 예 딩디리딩딩~ 딩딩딩
이 세상 공기는 화려한 자기도취를 선물했지

세월은 어느덧 가고
철모르는 청춘의 환각도 지나갔지

고뇌 속에서 헤매일 때
육체를 뿌리치는 강한 힘을 발견했지
진리의 힘! 진리의 참사랑을 발견했었지
그것만이 참된 인생, 인류의 희망인 것을
나는 기쁨에 넘치는 여호와의 영적 군사가 되었지
지금도 음악이 흐른다
그곳에는 추억의 한 커트가 있을 뿐
세상이 주는 어떤 유혹도 오예물임을 알기에!

마음속 우물

내 마음속
저 아래에는
우물이 있다
언제나 마르지 않는
자그마한 우물이 있다
그 곳에서 쉼터를 만들어
때로는 휴식을 하도록 벤치도 만들었다
가끔 콧노래로 허밍을 하며
눈을 감고 사색도 한다
시를 쓰기도 노래를 부르기도 한다
그 우물곁에는 아무도 없다
늘 나 혼자만 있다
그래도 외롭지는 않다
난 언제 외로워질까?
난 외로운 기억이 없는 듯하다
그것도 참 감사하다

서평

에덴을 향하여 가는 시인의 노래

김 성 구
시인, 철학박사
문학평론가, 국제문학발행인

　빛은 온 세상에 시가 되어 그분의 전능하심을 노래하고 있다. 태초에 우주를 창조하신 그분은 모든 것들에게 시(poem)를 담아주셨다. 창조주께서는 그 모든 시가 가득 들어 있는 우주를 통치하고 다스리며 가꾸는 책임을 사람에게 주셨다. 그래서 피조물 중에서 가장 아름다운 것은 사람이다.
　태초에 그분은 온 우주에 빛으로 시를 써 놓으셨다.

　　빛이 있으라!
　　시(詩)가 되어라!

　　　- 김성구의 「최초의 시 한편」 중에서 -

　그분의 온전하신 시의 형상이 깃들어 있기 때문이며, 시(詩)의 본체이신 그분의 형상을 불어넣은 원본이기 때문이다.

그 눈을 들어 밤하늘을 보라. 어둠이 짙을수록 별빛은 찬란하다. 반짝이는 저 별빛 하나하나가 그분이 지으신 한편의 시들이라는 것을 시인들은 느낀다.

우리가 살아 숨 쉬며 만나는 모든 것들이 다 시(詩)의 형상들이다. 그것을 찾아내어 내게 주신 언어로 표현하는 것을 시라고 말한다. 우리는 그분이 계시해주시는 시의 언어들을 통해 시인의 노래를 부르며 우주만물에 깃들인 그분의 숨결로 살아가는 것이다.

녹원 김귀자 시인은 "일상의 생각들이 감동이 되어 가슴 안에 고일 때, 일상의 고뇌들이 탄성이 되어 입술 안에 남겨질 때, 그 눈물이 언어가 되고 시가 되더이다."라며 그의 시가 삶이었고, 혈육을 짜낸 영혼의 눈물이었음을 고백하였다.

첫 시집 『에덴을 향하여』 서평을 써야할 부담을 가지고 녹원 김귀자 시인의 영혼에서 분출한 시귀(詩句)를 분석해보려고 한다.

광야 길을 걸어가는 시인

지난 삶의 여정들은 이스라엘인들의 광야생활처럼 가시밭을 지나는 길이었음을 시인의 고백으로 들어보자. 녹원 김귀자 시인은 몸을 저미는 한기와 숱한 재난과 끝없는 시련이 시인을 광야로 몰고 갔다. 그곳에는 수천 개의 칼날이 기다리고 있었다. 알 수 없는 곳에서 날아온 독침을 맞고, 원수가 쏘아올린 화살이 가슴을 뚫었다.

어느 사이

몸을 저미던
한기는 사라지고
구겨진 마음도 손짓하였네

- 「진리의 선택」 중에서

내 앞에 수천 개의 칼날로 다가옵니다
독침이 내게 꼽히고
화살이 내 가슴을 뚫습니다
이유도 모른 채

- 「탄원 1」 중에서 -

나는 영혼을 도려내는 아픔에서 헐떡이고 있다
나의 아들의 다급한 중환이 너무나도 깊어
격동의 시간들에서 헤어나지 못한 채
나의 빈집의 꽃나무 곁으로
갈 수가 없구나

내일 모레쯤 내일 모레쯤
그러다가 또 내일 모레쯤
아들의 아픔이 끝날 때 까지는
늘 내일 모레쯤...

- 「나의 빈집」 중에서 -

  녹원 시인은 사랑하는 님을 보내고 홀로 자녀를 양육하며 광야를 지나야 했던 세월을 뒤로하며 언제나 물끄러미 바라만 보는 남편의 영정 앞에서 짝 잃은 기러기의 슬픔을 조각하면서 새로운 다짐을 한다.

이제는
두 사람의 드라마를 새까맣게
지우려 한다
하얗게 지우는 게 좋을 것이라 생각했다

무채색이라면 더욱 좋을 것이라 생각했다

-중략-

상념의 섬에서
나는 당신을 그리움과 미움으로 만난다

- 「망부록」 중에서 -

인생의 드라마는 끝나는 시간이 있음은 아무도 부정할 수 없다. 드라마의 감독자이신 그분의 결정에 따라야만 한다는 것을 받아들이며 살아가지만 그 마음은 또 다른 광야에 헤매야하는 고통이 있다. 이것을 극복하며 나아가갈 때만이 또 다른 무지개를 볼 수 있음을 어렴풋이 깨달아간다.

명작드라마를 보고 있으면 언젠가 끝나고 또 다른 드라마가 시작된다는 것은 다 아는 진리이다. 그러나 그 잔상은 가슴속에서 계속적으로 상영된다. 아마 우리는 추억을 먹으며 살아가는 존재가 아닌가 생각해본다.

나의 기억 속에선 하나의 존재로서 그대가
가끔은 나와 대화를 나눌 것이다
슬픔도 아닌 기쁨도 아닌 그저
하나의 개체로서의 새로운 만남을

- 「떠나는 짝」 중에서 -

인생은 뒤로 물러설 수 없는 존재이다. 내게 주어진 인생을 살아가기 위해 헤엄쳐야할 망망대해는 끝이 보이지 않는다. 인생은 누구나 소망의 항구가 있다는 믿음으로 떠난다. 하지만 녹원 김귀자 시인의 슬픈 몸부림은 오늘도 푸른 파도를 헤집고 가파른 물살을 거슬러 올라가는 연어처럼 그렇게 세상을 역주행하면서 살아가고 있다.

> 망망대해를 헤엄쳐
> 알 깨어난 곳으로 향하는
> 연어의 본능처럼
>
> 인간의 슬픈 몸부림은
> 오늘도 푸른 파도를 헤집고
> 가파른 물살을 거슬러
> 역주행한다
>
>   -삶 중에서

 아무런 이유도 알 수 없이 당하는 고통뿐이었다. 어떤 위로도 허공에 뜬 소리일 뿐 시인에게 평안을 주지 못하고 메아리만 될 뿐이다. 그것은 위장된 위로였을 뿐이었다. 그러한 시련을 겪으며 도달하게 될 곳은 황금빛 둥근달이 뜬 금촌이라 부를 것이다.

> 제게 닥치는 숱한 재난과
> 끝없는 시련 앞에서도
> 그대처럼 올바름으로 정로에 서게 하소서
> 내 작은 믿음의 마음 판에 세워진
> 가난한 공의를 아시는 여호와여
> 진리 안에 인도된 고행이라면
> 바름으로 끝까지 서게 하소서
>
>   - 「위장된 위로」 중에서

금촌의 달을 볼 수 있는 시인

 시인은 금촌(金村)을 어떤 곳으로 알고 있을까?

시인이 금촌의 달을 볼 수 있는 눈을 가지게 되려면 반드시 거쳐야할 연단이 있다. 녹원 김귀자 시인은 그런 과정을 다 지나왔다.

　눈물 없이 들어갈 수 없는 곳, 눈물골짜기를 지나서 가는 곳이 금촌(金村) 즉 황금성(黃金城)이다. 파라다이스만 꿈꾸는 속된 생각이 아닌 용광로에 일곱 번 단련하여 정금으로 나온 자 만이 들어가는 곳을 금촌이라 부른다. 그러기에 금촌에서 바라보는 달은 눈물이 아니고는 볼 수 없다. 목이 메이지 않고 달을 볼 수 없다. 시련을 겪어본 자만이 그 가치를 알 수 있듯이, 저 달이 그분의 사랑이 빛나는 금촌의 달이다.

　　다아
　　같은 달인데
　　금촌의 달은
　　눈물 없이는 볼 수 없구나

　　다아
　　같은 달인데
　　금촌의 달은
　　목메이도록 아름다워라

　　　- 「금촌의 달」 중에서 -

　금촌의 달을 볼 수 있는 자는 누구인가? 고통의 바구니에서 시달린다 해도 고통의 길을 걷는 중에도 방법을 찾을 수 있다. 시인의 여정에서 금촌으로 가는 길을 알려주는 책 바이블이 있었다.

　　아직도 10월은 가지 않은채
　　막연한 외출을 기다리며
　　환자는 마음속으로 번뇌를 이기기 위해

바이블을 읽는다

- 「환자와 가을」 중에서 -

　죽음의 문턱을 넘나드는 아들의 고통을 보면서 칠흑 같은 어둠에 싸인 골고다에서 아들을 품에 안고 눈물을 흘리던 어머니처럼 울어야 했던 또 다른 아들의 어머니의 기도는 끝나지 않았다.

이식 후 만 1년이 된 날
2020년 5월 15일
아들이 제 모습으로 돌아왔다
-중략-
모든 어머니들의 기도가
오늘도
내일도
그 이후의 수많은 날들에도
계속되리라
영원한 열망으로
계속 되리라

- 「살아있는 아들 곁에서」 중에서-

　금촌의 달빛을 볼 수 있다 해도 한눈은 팔수가 없다. 정신을 차리고 걸어야 한다. 광야를 향해 가는 길, 에덴을 향해 가는 시인의 길은 잠시도 중단할 수 없다. 화려한 유혹과 은밀한 쾌락을 사모하지 말아야 한다. 그것은 광야를 걷는 자의 탈취물이 아니기 때문이다. 에덴을 향하는 광야의 길은 전투적 행진인 것임을 순간순간마다 다짐한다.

정신을 차리고 깨어 있어야 한다

화려한 유혹을 멀리하고
은밀한 환희에 도취해선 안된다
심신을 방심하면 방어벽이 무너지고
치유의 수선은 고통의 찌꺼일 뿐
기쁨을 잃어버린 자아 상실은
왕국의 의미를 지울 수도 있다

  -아름다운 유혹 중에서 -

침실 옆 눈곱 뗄 때 만나는 나의 공간
주방 곁에 붙어있는 호두나무 식탁 카페
아점을 먹고 나면 주방에서 카페로 변신한다
그곳에서 JW 방송을 듣자
그리고 묵상도 하자 그리고 봉사도 하자
오늘도 충실한 정규 파이오니아로서!

  - 「호두나무 식탁 카페에서」 중에서 -

그렇게 늙고 싶은 시인의 마음

 녹원 김귀자 시인은 에덴을 향하여 가는 시인의 마음이 모세가 그분의 부르심을 받을 때까지 강건하였던 것처럼 그렇게 늙고 싶다. 자신의 온 삶이 깊은 우물에서 길어 올리는 맑은 물처럼 시인의 마음에서 길어 올리는 시가 모두에게 맑은 물처럼 신선한 선물이 되는 깊은 우물 같은 시인이어야 하겠다고 다짐한다.

언제나 선한 눈빛을 지닌 노인
언제나 입가에 미소를 띠우는 노인
타인의 유머에 밝게 웃어주는 노인
화가 날 때 큰 소리를 지르지 않는 노인
억울해도 분노를 발하지 않는 노인

불만의 표현을 삼가는 노인

단정한 외모를 중시하는 노인
고상한 향기를 풍기는 노인
슬픈 사연에 눈물을 흘리는 노인
기쁜 일에 열정적인 박수를 보내는 노인
먼저 지갑을 개방하는 노인
언제든 내 것 만을 고집하지 않는 노인
언제나 도울 사람을 찾는 노인

-멋진 노인 전문 -

내 마음속
저 아래에는
우물이 있다
언제나 마르지 않는
자그마한 우물이 있다
그 곳에서 쉼터를 만들어
때로는 휴식을 하도록 벤치도 만들었다
가끔 콧노래로 허밍을 하며
눈을 감고 사색도 한다
시를 쓰기도 노래를 부르기도 한다
그 우물곁에는 아무도 없다
늘 나 혼자만 있다
그래도 외롭지는 않다
난 언제 외로워질까?
난 외로운 기억이 없는 듯하다
그것도 참 감사하다

-마음속 우물의 전문-

목련꽃처럼 피어나는 시심

 녹원 김귀자 시인은 창밖에 피어있는 목련꽃을 보며 지나간 것들을 그리워하며, 자신이 살아 있는 흔적을 발견하고 사망의 음침한 골짜기에서 새 생명을 부여받은 아들을 바라보며 부르는 시인의 노래를 들어보자.

10月의 마지막 밤도 지났다
이젠 낭만을 얘기하지 말자
차가운 겨울바람이 불기 시작했다

 중략

차가운 바람들이 불어대도
내 마음속 강물은 출렁거린다

중략

내가 살아 있다는 흔적은
오늘도 가방을 들고 있기 때문이다

 - 「내가 살아있는 흔적」 중에서-

넌
계절의 선구자
첫봄의 창밖에서
쭈욱- 뻗은 몸매로
네 순결을 과시하누나

풍류는 준비함 없어도
네 순결의 자태는 고고하구나

봄마다
넌

청아한 미소를 띠우고
삶의 닻줄을 힘차게 쥐고
나타났지
그리고 내게 드리운 무거운
겨울의 암울함을 걷어갔지
이제도
지난겨울 내내
폭풍 속에 이겨온 네 순결은
철저히 아름답구나

- 「목련꽃」 전문 -

만 2년 만에/ 아들의 콧노래를 듣는다

-중략-

너의 잔잔한 콧노래를
네 옆, 어미방 문 너머로 듣는다
감동의 눈물이 주르륵 흐르는구나
살았다! 고슴도치의 기쁨
아들이 살았다!
일 년만 더 기다리자
강건한 회복을 위해.

- 「감동의 콧노래」 중에서

오늘도 녹원 김귀자 시인은 시인의 언덕에 올라 천지의 주인이신 그분에게 왕국의 연가를 부르며 에덴을 향하여 가는 발걸음이 가볍다.

에덴을 향하여

| 1쇄 발행　2020년 12월 31일
| 지 은 이 : 김귀자
| 발 행 인 : 김성구
| 발 행 처 : 국제문학사
| 등록번호 :　2015.11.02.　제2020-000026호
| 주　　　소 : 서울특별시 광진구 광나루로 15길 41 (101호)
| 전　　　화 : 02 - 365 -7271
| 주 거래은행 / 농협 351-0914-8841-23(김성구 국제문학사)
| 전자우편 E-mail　kims0605@daum.net
| ISBN : 979-11-89805-14-2 (03810)

　　값 10,000원
잘못된 책은 본사나 구입하신 곳에서 바꿔드립니다.
　　ⓒ 2020. Printed in Seoul, Korea